감수 선생님의 글

어린이 여러분!

여러분들은 별이 쏟아지는 밤하늘을 본 적이 있나요? 아니면 떨어지는 별똥별을 보며 소원을 빌어본 적은요? 별똥별은 다른 말로 유성이라고 해요. 이 유성은 혜성, 소행성에서 떨어져 나온 티끌, 또는 태양계를 떠돌던 먼지 등이 지구 중력에 이끌려 대기 안으로 들어오면서 대기와의 마찰로 불타는 현상을 말한답니다. 하루 동안에도 수많은 유성이 지구 전체에 떨어지고 있는데, 왠지 거창한 비밀을 간직하고 있을 것 같은 별똥별도 사실은 한낱 티끌이나 먼지에 불과하다니, 우주는 지구에 살고 있는 우리가 얼마 전까지만 해도 과학의 힘을 빌리지 않고는 상상하기도 힘든 곳이었지요.

1969년 7월 20일 아폴로 11호의 승무원 닐 암스트롱과 버즈 올드린은 인류 최초로 달에 발을 내딛게 되었어요. 1967년 아폴로 1호부터 2년 동안 열한 차례의 우주선 발사가 있었는데 11번째에 드디어 달 착륙에 성공한 것이지요. 달은 더 이상 우리가 상상하던 토끼가 방아를 찧던 곳이 아니었고 달 착륙 사건은 우리를 신기한 우주의 세계로 눈을 돌리게 했던 역사적인 사건이었어요. 그리고 그 이후로 약 50년의 세월이 흘러 2000년대에는 우주의 비밀들이 하나씩 밝혀지고 있지요.

우주에 대한 연구는 아직 시작에 불과하지만, 여러분은 달을 넘어 태양계를 가로지르고 더 먼 곳의 우주를 탐사하는 시대를 앞두고 있습니다. 블랙홀, 우주 폭발, 은하계 등 이런 단어에 관심이 있고, 한 번이라도 호기심 어린 눈으로 밤하늘을 쳐다본 적이 있는 친구들이라면 이 책을 꼭 읽어보세요. 정말 재미있게 우주에 대한 여러 가지 과학 상식을 얻을 수 있을 거예요.
잊지 마세요!

우주에 대한 관심을 갖고 자라는 어린이 여러분이
곧 다가올 우주 시대의 주인공이에요.

회룡초등학교 교사 전순옥

펴낸이의 글

나는 어디에서 살고 있는 걸까?

"대한민국에 살고 있어요!"
대부분의 친구들은 대한민국에 살고 있을 겁니다.
그리고 대한민국이란 나라는 지구 안에 있지요.
그렇다면 지구 바깥으로 눈을 돌려 본다면?
그곳엔 넓은 우주와 신비함으로 가득 찬 태양계가 있습니다.

《OX퀴즈 서바이벌100 신기한 과학이야기5》는 우리가 살고 있는
지구와 우주에 관한 신기하고 놀라운 과학적 사실들을 모아놓은 책입니다.

넓은 우주는 아직도 커지고 있을까?
우리가 살고 있는 지구와 비슷한 별은 없을까?
인류는 태양계에 대해 얼마나 알고 있을까?
지구 밖은 우리가 사는 곳과 무엇이 다를까?

밤하늘의 별을 보면서, 혹은 새파란 하늘을 보면서 떠올렸던
다양한 질문들에 대한 답이 바로 이 책 안에 있습니다.

책을 다 읽은 뒤, 아직까지 밝혀지지 않은 우주의 신비에 대한 호기심이 더 커질지도 모릅니다.
우주는 아주 넓고 아주 오래된 역사를 가지고 있기 때문에 그것을 모두 파헤치려면
더 많은 노력과 시간이 필요하기 때문입니다.
하지만 아쉬워하지 마세요.

아직 베일에 싸여있는 우주의 비밀은 여러분을 위한 것이니까요.
《OX퀴즈 서바이벌100 신기한 과학이야기5》를 읽고 우주의 수수께끼를 푸는
과학자가 되는 첫걸음을 뗄 수 있기를,
꼭 우주 과학자가 되지 않아도 밤하늘의 별을 좀 더 친숙하게 여길 수 있는
어린이가 되기를 바랍니다.

버즈파우더(주) 대표이사 박진우

OX맨
승부욕이 강해
무슨 일에든 도전하는 걸
좋아함
OX걸과 짝꿍

용병
전투를 즐김
힘든 일은 도맡아서
하는 스타일

OX걸
평소엔 얌전하고
조용한 성격이지만
화가 나면 까칠해짐
OX맨과 짝꿍

로봇짱
정체불명의 로봇
생각을 읽을 수 없음

나미
메가-Z의 파일럿!
평소엔 평범한 학생
말괄량이 스타일

레드
누군가 위험해 처하면
달려가 도움을 줌

메가-Z
지구 방위를 위해
탄생한 메가-Z
하지만 아직까진
평화로운 지구

캡틴
우리의 영원한 캡틴!
무슨 일이 생기면
항상 먼저 나서서
진두지휘함

닌자
부끄러움을 많이 탐
남들 시선을 피해
은신해서 다님

햄토르
천둥의 햄토르!
작지만 매우 강하고
전투를 즐긴다

좀비
아무 생각이 없음
멍때리면서 산책하기를
좋아함

용용이
경계심이 많지만
친한 사람에겐
애교도 부림

선녀
하계에 내려왔다가
나무꾼을 만남
여린 마음에 나무꾼만을
두고 가지 못해 하계에
남아 생활을 함

다크나이트
용맹함
불 같은 성격

마법사
온화한 성격
마을 아이들을 좋아해서
마법으로 아이들을
즐겁게 해주는 걸 좋아함

에일리언
호기심이 많음
우주여행 중 우주인을
만나 함께 다님

바이킹
바다 건너 새로운 땅을
찾아 떠남
모험심이 강함
터프함

우주인
우주비행선의 고장으로
표류 중 에일리언을
만나 도움을 받은 인연
으로 친구가 됨

슬라임
온몸이 액체로 되어 있어
어떠한 모양으로도 변형이
가능함

뱃살공주
사과를 너무 좋아해서
항상 사과를 들고
다니면서 먹음
그로 인해 과체중이 됨
항상 다이어트 중

소시지
캠핑장에서 구워지기 전
탈출함
항상 허둥지둥하고
실수가 많음

잭
어둠을 무서워하는
사람에게 자신을
밝혀 빛이 되어줌
도움 주기를 좋아함

Dr. F
미친 과학자
항상 엉뚱한 실험을
많이 함
프랑켄의 창조자

사신
언제나 사람들과
친해지고 싶어해
마을을 배회하지만
정작 사람들은 외모
때문에 무서워함
그래서 늘 외로움

프랑켄
외모와는 다르게
매우 여리고 착함
꽃과 동물을 좋아함

뱀파이어
차가운 외모지만
속은 따뜻하고
정이 많음

꼬마마녀
귀여운 꼬마마녀
밤하늘이 좋아
빗자루를 타고 하늘을
날아다니는 것을 즐김

늑대인간
사람을 좋아하지만
외모 콤플렉스 때문에
선뜻 앞에 나서지 못함
항상 외로워 보름달이
뜬 밤이면 밤새 움

미라
자신을 드러내기 싫어
온몸에 붕대를 감고 다님
붕대 안의 모습은 아무도
본 사람이 없음

몬스터
앞뒤 안 가리는
불 같은 성격
뭐든 일단 저지르고 봄

아이돌-D
남자 아이돌
조용하고 얌전함

엄마몬
잔소리 많음
불 같은 성격
전형적인 엄마 스타일

아이돌-i
여자 아이돌
밝은 성격
수다 떠는 걸 좋아함

아빠짱
이해심이 많으며
항상 밝고 상냥하다

강민(츤데레)
바비의 오빠
츤데레 스타일
바비와 항상 티격태격
하면서도 많이 챙겨줌

베이비
매우 똑똑한 아이
태어난 지 얼마 안 되서
걷기 시작하고 말을 함

바비
까칠함
외모에 신경을 많이 씀
인기가 많음

선생님
해박하고 열정적임
스타 강사이며 따르는
제자가 많음

대통령
모든 사람의 말을
잘 들어줌
이해심이 많음

플레이어
게임 속 도트 캐릭터
수동적임
주어진 임무에 충실함

피겨퀸
동계 올림픽의 꽃!
섬세한 연기와 화려한
스핀은 감동 그 자체!

산타짱
아이들에게 인기 짱!
요즘 살이 찐 탓에
조금 힘겨워 보인다

아이스하키맨
동계 올림픽의 영웅!
화려한 퍽 컨트롤과
정확하고 빠른 슈팅은
막아내기가 쉽지 않다

루돌푸
반짝반짝 빛나는 코로
어두운 밤길을 밝히며
산타의 썰매를 끈다

바스켓맨
힘과 스피드, 화려한
스킬까지…!!
그의 농구는 감동이며
경이롭기까지 하다

페르세우스
메두사를 처치한 영웅!
매우 용감하여 그에겐
후퇴란 없다!

도넛맨
알록달록한 머리장식과
화려한 패션으로 자신을
꾸미는 걸 좋아한다

샤샤샥
고독한 미식가!
새로운 맛을 찾기 위해
바다를 떠나 육지까지
올라오게 되는데…

몽몽
귀엽고 애교가 많으며
반짝반짝 애틋한 눈빛
으로 사람들의 마음을
녹인다

디노
오랫동안 빙하에 갇혀
있던 알에서 태어난 공룡!
단순하고 호기심이
많으며 밝고 쾌활함

워리어
매우 용맹하고 칼을 잘 다루며 항상 적진 앞에서 팀을 이끈다

법사
힘이 약하지만 강한 마법을 구사하여 적에게 강력한 데미지를 준다

헌터
그가 화살을 쏘면 백발백중!! 단 한 번도 목표물을 놓쳐 본 일이 없다!

사제
빛의 힘으로 동료들의 사기를 높여준다

어쌔씬
매우 빠르며 은신 능력이 뛰어나 눈에 잘 띄지 않는다

우주 악당
우주 최강 빌런!! 항상 OX랜드를 자기 것으로 만들고 싶어 한다!

삼장법사
불전을 구하기 위해 서역 각국을 지나서 천축으로 떠난다

손오공
작지만 매우 빠르고 힘이 아주 세다!

저팔계
둔하지만 힘 하나는 장사인 저팔계! 많이 먹는 게 단점

사오정
바다 요괴! 형님들을 잘 따르고 용맹함!

 # 찾아보기

1화. 태양도 수명이 있다? / 14

2화. 태양은 기체 덩어리이다? / 20

3화. 수성은 태양과 가까워서 태양계 행성 중 온도가 가장 높다? / 26

4화. 수성은 낮과 밤의 온도 차가 매우 심하다? / 32

5화. 금성에서의 하루는 지구에서의 하루보다 더 길다? / 38

6화. 금성은 대기 온난화 상태다? / 44

7화. 여름에 지구는 태양과 가까워진다? / 50

8화. 지구도 블랙홀로 빨려 들어갈 확률이 있다? / 56

9화. 달에서 장례식을 치른 사람이 있다? / 62

10화. 달은 점점 지구로부터 멀어진다? / 68

11화. 화성은 계절의 변화가 없다? / 74

12화. 화성은 붉은색이다? / 80

13화. 목성에서도 지구처럼 번개가 친다? / 86

14화. 목성은 태양계 행성 중 위성 수가 가장 많다? / 92

15화. 토성의 극에는 육각형 모양의 거대 폭풍이 있다? / 98

16화. 토성은 물에 뜰 수도 있다? / 104

17화. 천왕성의 고리는 암석으로 이루어져 있다? / 110

18화. 해왕성이 태양계의 끝이다? / 116

19화. 태양계에서 '명왕성'이 유일한 '왜소행성'이다? / 122

20화. 혜성의 꼬리는 두 개다? / 128

21화. 우주에서 폭발하면 소리가 나지 않는다? / 134

22화. 우리가 볼 수 있는 별들은 극히 일부분이다? / 140

23화. 북두칠성은 어디서나 볼 수 있다? / 146

24화. 인류는 20세기 이후 달에 한 번도 가지 않았다? / 152

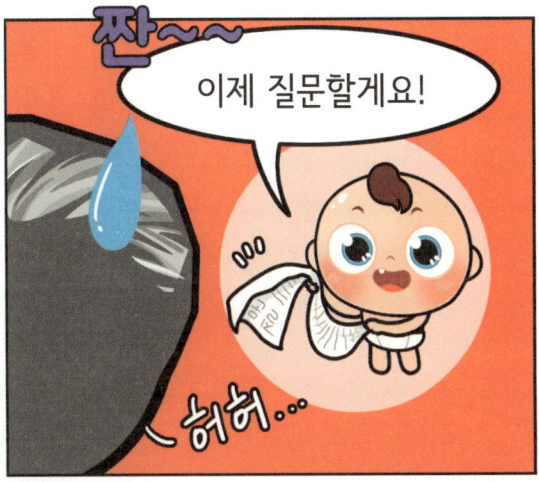

1화

태양도 수명이 있다?

영원히 하늘에서 빛날 것으로 보이는 태양도 사람이나 동물처럼 수명이 있어서 언젠가는 소멸합니다. 하지만 벌써부터 태양의 수명을 걱정할 필요는 없습니다. 왜냐하면 태양은 앞으로 약 50억 년 정도는 지금과 같은 모습으로 활동할 것으로 기대되고 있기 때문입니다. 이러한 계산 결과는 태양에 남아있는 수소의 양을 통해 나온 것입니다. 약 50억 년 후가 되면 태양 중심부의 모든 수소가 핵반응을 하여 태양은 지금의 모습을 잃게 되는데, 이렇게 되면 헬륨밖에 남지 않아 에너지를 생성하지 못해 결국 소멸한다고 합니다.

OX 잠깐퀴즈

① 태양은 노란색이다?

② 태양 흑점의 이동은 태양이 자전하는 증거다?

③ 옛날에는 일식이 불길한 기운을 나타내는 징조로 여겨졌다?

④ 태양도 블랙홀이 될 수 있다?

---

① 태양은 사실 푸른색이 섞인 백색입니다. 상대적으로 파장이 긴 빨간색-주황빛이 지구로 들어오며 손실 없이 대기를 통과하기 때문에 우리 눈에는 오렌지색으로 보인다고 합니다. (X)
② 흑점은 서쪽에서 동쪽으로 움직입니다. 그것은 태양이 지구와 같이 서쪽에서 동쪽으로 자전하고 있다는 증거입니다. (O)
③ 옛날에는 해가 빛을 잃고 어두워지는 것을 두려워했습니다. 고려시대에는 왕의 부덕함을 하늘이 경고하는 징조로 여겼다고 합니다. (O)
④ 태양보다 약 1.44배 이상 무거운 별만이 죽어서 블랙홀이 될 수 있습니다. (X)

2화. 태양은 기체 덩어리이다?

누군가를 기다리고 있는 뱀파이어

흠...

대체~! 얘는 왜 맨날 이렇게 지각인 거야?

울컥-

어디 오기만 해봐, 피를 싹 빨아먹어 버릴...

뱀파이어~! 헉헉...! 나 왔어...!

후다닥

2화 태양은 기체 덩어리이다?

지구에서 보는 태양은 전구처럼 딱딱하고 뜨거운 공 모양의 별일 것처럼 생겼지만, 사실은 지구처럼 단단한 표면을 가진 고체가 아닙니다. 태양은 수소와 헬륨으로 이뤄진 뜨거운 기체 덩어리이기 때문입니다. 약 46억 년 전, 우주 공간에 모여 있던 기체와 먼지구름들이 뭉쳐 있다가 높은 온도와 압력을 견디지 못하고 큰 폭발을 일으켰습니다. 이때 생겨난 큰 별이 바로 태양입니다.

OX 잠깐퀴즈

① 태양의 흑점이 사라져도 지구에는 영향이 없다?

② 태양 빛의 근원은 수소다?

③ 태양계는 태양 그 자체라고 볼 수 있다?

④ 태양계에는 지구보다 물이 많은 천체가 없다?

① 태양의 흑점은 지구 기후 변화에 큰 영향을 미칩니다. 과거 흑점이 급감했던 시기 전후에 유럽과 북아메리카는 작은 빙하기를 맞기도 했습니다. (X)
② 태양은 다량의 수소를 포함하고 있는데, 수소의 원자핵이 충돌하며 핵융합 반응을 일으킬 때 태양의 빛이 생겨납니다. (O)
③ 태양은 태양계의 물질 중 99.8%를 구성합니다. 오직 0.2%만이 태양계의 다른 행성들과 별, 기타 물질들로 구성되어 있습니다. (O)
④ 목성의 위성 중 하나인 유로파에는 두꺼운 얼음층이 있을 뿐 아니라, 100km가 넘는 깊이의 바다도 있습니다. 이 물의 양은 지구의 2.3배에 달합니다. (X)

3화

수성은 태양과 가까워서 태양계 행성 중 온도가 가장 높다?

우리는 불과 가까이에 있으면 더 뜨겁다는 것을 알고 있습니다. 그래서 커다란 불덩어리인 태양과 가까이에 있는 행성일수록 더 뜨거우리라 생각하기 쉽습니다. 그러나 태양과 행성 간의 거리는 행성 온도에 영향을 주지 않습니다. 실제로 수성은 태양과 가장 가까이에 있는 별이지만, 제일 뜨거운 행성이 아닙니다. 태양계에서 제일 온도가 높은 행성은 바로 금성으로, 평균 온도가 섭씨 462℃에 달합니다.

OX 잠깐퀴즈

① 수성은 규칙적인 큰 타원 궤도를 그리며 공전한다?

② 수성도 금성처럼 관측하기가 어렵지 않다?

③ 수성은 대기가 거의 없다?

④ 수성은 달과 비슷하게 생겼다?

① 수성은 태양과 가까이에 있는 만큼 태양의 강력한 중력을 크게 받는데, 이 때문에 공전궤도가 바뀌기도 합니다. (X)
② 수성은 언제나 태양 옆에 붙어 다니기 때문에 관측하기가 쉽지 않습니다. 수성은 해가 진 직후 서쪽 하늘과 해가 뜨기 직전 동쪽 하늘에서만 모습을 보입니다. (X)
③ 수성은 인력이 작고 온도가 아주 높아 대기가 수성의 표면에 머물러 있지 못합니다. 그래서 수성에서는 비와 눈 같은 대기 현상이 일어나지 않습니다. (O)
④ 달과 수성은 겉모습이 매우 유사합니다. 다만, 수성에 좀 더 크레이터(구덩이)가 적습니다. (O)

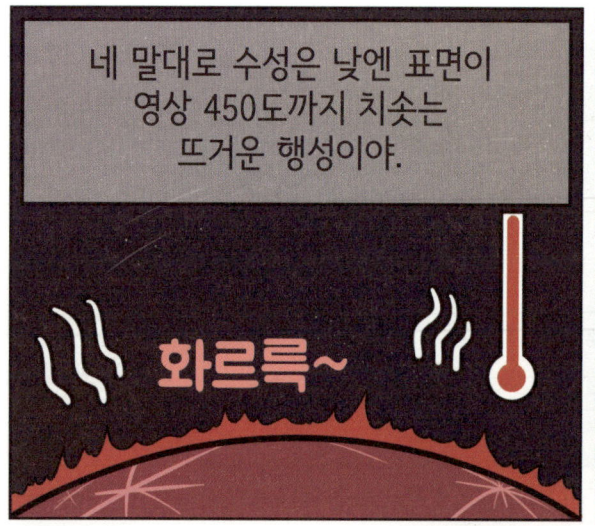
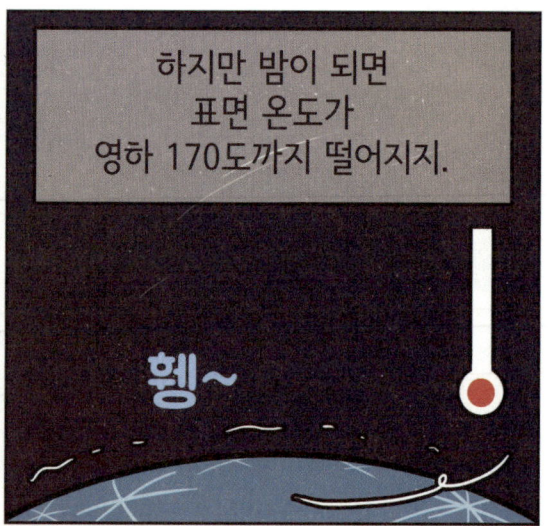

4화

수성은 낮과 밤의 온도 차가 매우 심하다?

수성은 태양계의 첫 번째 행성이자 태양과 가장 가까이에 있는 행성이기 때문에 지구의 적도 지방처럼 언제나 후끈후끈한 기후일 것으로 생각하는 사람들이 많습니다. 하지만 수성의 표면 온도는 밤에는 영하 170℃까지 떨어졌다가 낮에는 영상 450℃까지 치솟으며 아주 심한 일교차를 보입니다. 이것을 계산하면, 수성의 일교차는 약 600℃를 훨씬 넘는 수치로, 낮과 밤의 온도 차가 매우 심하다고 할 수 있습니다.

OX 잠깐퀴즈

① 수성에도 물이 있다?

② 수성에는 맨틀이 없다?

③ 수성의 자기장은 매우 강하다?

④ 수성은 적도 부근이 불룩하다?

① 레이더 관측에 따르면, 수성의 북극 부분에 물과 얼음이 있다고 합니다. (O)
② 수성도 지구처럼 내부에 핵이 있고, 핵을 덮고 있는 맨틀을 가지고 있습니다. 이 맨틀은 다른 지구형 행성에 비교하면 매우 얇은 두께를 보입니다. (X)
③ 수성은 아주 약한 자기장을 가집니다. 수성의 자기장은 지구 표면의 자기장과 비교할 때 약 100배 이상 약합니다. (X)
④ 수성은 태양의 조석력(태양이 잡아당기는 힘)에 의해 적도 부분이 불룩하게 튀어나와 있습니다. (O)

5화. 금성에서의 하루는 지구에서의 하루보다 더 길다?

문득 친구가 보고 싶어지는 밤.

에일리언은 잘 있으려나…

못 본 지도 한참 되었네…

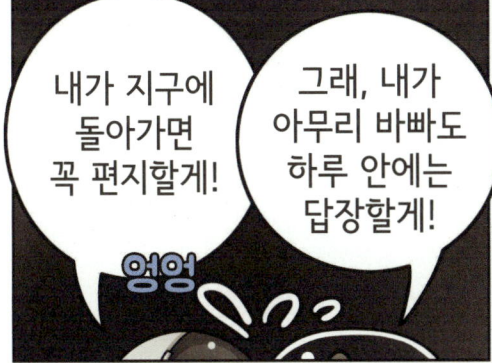

5화

금성에서의 하루는 지구에서의 하루보다 더 길다?

'하루'라는 것은 해가 뜨는 아침을 지나 점심을 맞이하고 서서히 다시 해가 져 저녁, 그리고 밤을 겪는 시간을 뜻합니다. 지구의 경우엔 24시간에 한 번씩 이 주기가 찾아오지요. 이와 같은 낮과 밤의 변화는 '자전' 주기에 따르는데, 금성은 이 자전주기가 243일로 아주 느리며 자전 방향도 다른 행성과 반대 방향입니다. 심지어 금성의 공전 주기는 225일로, 금성에서의 하루는 1년보다 길다고 할 수 있습니다.

OX 잠깐퀴즈

① 밤하늘에 보이는 금성의 모습은 진짜 모습이 아니다?

② 금성은 낮과 밤의 온도 차가 심하다?

③ 금성은 늘 같은 곳에서 볼 수 있다?

④ 금성은 가장 빨리 떠서 가장 빨리 진다?

---

① 밤하늘의 금성은 밝고 매끄러운 황색 별처럼 보이지만, 실제로는 황색 구름과 두꺼운 대기에 가려져 있는 행성입니다. (O)
② 금성은 두꺼운 이산화탄소 대기층 덕분에 대류 작용이 활발해 시간과 지역에 따른 온도 차이가 크지 않다고 합니다. (X)
③ 금성은 1년 중 일정 기간에는 초저녁의 서쪽 하늘에서 볼 수 있고 나머지 기간에는 아침의 동쪽 하늘에서 볼 수 있습니다. (X)
④ 금성이 아침의 동쪽 하늘에서 보일 때는 다른 행성이나 별보다 더 늦게까지 보이기도 합니다. (X)

6화. 금성은 대기 온난화 상태다?

금성으로 떠난 나미와 메가제트

슈웅~

메가제트, 얼마나 더 가야 해?

뽕 뽕 뽕

5분 뒤 도착이다.

좋았어, 그럼 슬슬 착륙 준비를 해볼까?

지잉-

알겠다.

6화

금성은 대기 온난화 상태다?

금성은 심한 대기 온난화를 겪고 있는 행성입니다. 금성은 태양계의 행성 중에서 가장 두꺼운 대기를 가지고 있습니다. 그리고 그 대기 상층부에 약 20㎞ 두께의 두꺼운 구름층이 있고, 대기의 대부분을 차지하고 있는 것이 이산화탄소이기 때문에 금성은 극심한 온실가스 효과로 인한 대기 온난화를 겪고 있습니다. 그 결과 지표면의 온도는 500℃에 이르고 압력 또한 지구보다 90배나 더 강력하다고 합니다.

OX 잠깐퀴즈

① 금성의 표면을 연구하는 것은 어려운 일이다?

② 금성에는 액체 상태의 물이 있다?

③ 금성의 표면은 매끄럽다?

④ 금성은 이름이 많다?

① 금성의 표면은 황산으로 이루어진 짙은 구름으로 덮여 있기 때문에 표면을 연구하는 데에 많은 어려움이 따릅니다. (O)
② 금성은 온도가 매우 높아 모든 액체가 끓어서 날아갑니다. 그래서 금성에는 액체 상태의 물이 없습니다. (X)
③ 금성에도 달처럼 크레이터(구덩이)가 있습니다. 하지만 달, 화성, 수성 같은 행성보다는 그 수가 적은 편입니다. (X)
④ 새벽 동쪽 하늘에서 보이는 금성을 샛별 또는 계명성이라고 부르고, 저녁 서쪽 하늘에서 보이는 금성을 저녁별, 태백성 또는 개밥바라기라고도 부릅니다. (O)

7화. 여름에 지구는 태양과 가까워진다?

너무 더워서 녹아버린 슬라임과 몽몽!

너무… 더… 워…

슬라임… 죽지 마…!

끄으어어… 덕분에 겨우 살 것 같…

7화

여름에 지구는 태양과 가까워진다?

여름에 기온이 높아지는 것을 보고, 지구가 태양과 가까워졌기 때문이라고 생각할 수도 있습니다. 하지만 지구의 계절에 따른 기후 변화는 지구와 태양 사이의 거리가 아니라, 지구의 궤도 축 기울기와 관련이 있습니다. 지구가 약간 기울어진 상태이기 때문에 여름에는 궤도 축이 태양을 향해 기울며, 겨울에는 멀어지기 때문에 지구는 계절 변화를 겪게 되는 것입니다.

O X 잠깐퀴즈

① 지구는 아주 느리게 돌고 있다?

② 지구의 해류는 끝없이 순환한다?

③ 지동설을 최초로 주장한 사람은 코페르니쿠스다?

④ 지구의 하루와 자전 주기는 정확히 일치하지 않는다?

① 지구는 하루에 한 바퀴씩 스스로 도는 자전 운동을 하는데, 빠르기는 1,600㎞/h입니다. (X)
② 따뜻한 바닷물은 극지방으로 올라가며 무거워지고, 무거워진 물은 다시 바다 아래로 내려가 적도 지방으로 흘러가며 전 지구적인 해류 순환이 이뤄지고 있습니다. (O)
③ 지구를 포함한 행성들이 태양을 중심으로 돈다는 주장을 지동설이라고 합니다. 이는 기원전 4세기경 고대 그리스의 천문학자 아리스타르코스에 의해 처음 알려졌습니다. (X)
④ 지구는 약 23시간 56분을 주기로 자전합니다. 지구는 자전하는 동안 공전을 같이하므로, 4분 정도 더 돌아야 태양이 정확히 남중하여 '하루'가 완성됩니다. (O)

8화. 지구도 블랙홀로 빨려 들어갈 확률이 있다?

세계의 평화를 위해 기도하는 삼장법사!

오늘도 세계가 평화롭게 해주시옵소서… 나무아미타불…

세계의 평화… 그것을 걱정하고 있느냐…

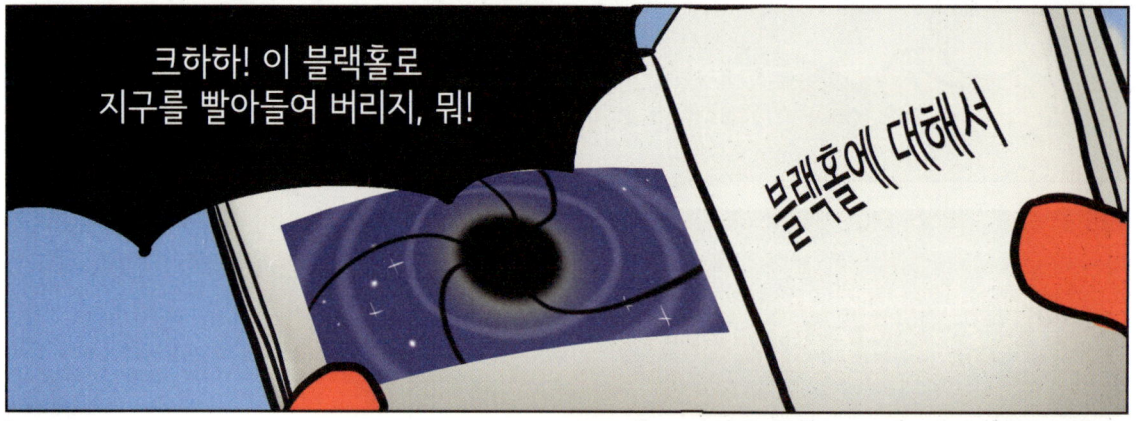

8화

지구도 블랙홀로 빨려 들어갈 확률이 있다?

블랙홀에 다가가면 무엇이든 빨려 들어가게 됩니다. 그래서 혹시 우리가 사는 지구도 블랙홀에 빨려 들어갈까 걱정할 수도 있지만, 다행히 우리에게 가장 가까이에 있는 블랙홀은 무려 1,600광년이나 떨어진 곳에 있습니다. 덕분에 아무리 오랜 시간이 지난다고 하더라도 지구가 블랙홀로 빨려 들어가는 일은 일어나지 않을 것이라고 합니다.

OX 잠깐퀴즈

① 블랙홀은 말 그대로 우주 공간상에 뚫린 검은 구멍처럼 생겼다?

② 블랙홀은 중력이 너무나 강하기 때문에 거리와 상관없이 모든 걸 끌어들인다?

③ 지구는 여러 개의 층으로 이뤄져 있다?

④ 지구의 대륙은 맨틀 위로 떠다닌다?

① 블랙홀은 공간에 구멍이 뚫려 있는 모양이 아니라 사방에서 물체를 끌어들이는 구의 형태를 띠고 있습니다. (X)
② 블랙홀이 강한 중력을 미치는 범위는 블랙홀의 아주 가까운 거리뿐이며, 거리가 멀어지면 블랙홀의 중력도 질량이 같은 다른 물체와 비슷해집니다. (X)
③ 과거에는 지구 내부를 핵(내핵, 외핵), 맨틀, 지각 등 3개 층으로 구분했지만, 발달된 지진파 단층촬영법으로 조사한 결과, 지구는 양파처럼 여러 개의 층으로 구성되어 있다는 사실이 밝혀졌습니다. (O)
④ 최근의 플룸 구조론에 따르면 지구의 판은 핵과 맨틀의 경계면에서 분출되는 플룸(열기둥) 때문에 움직인다고 합니다. (X)

9화. 달에서 장례식을 치른 사람이 있다?

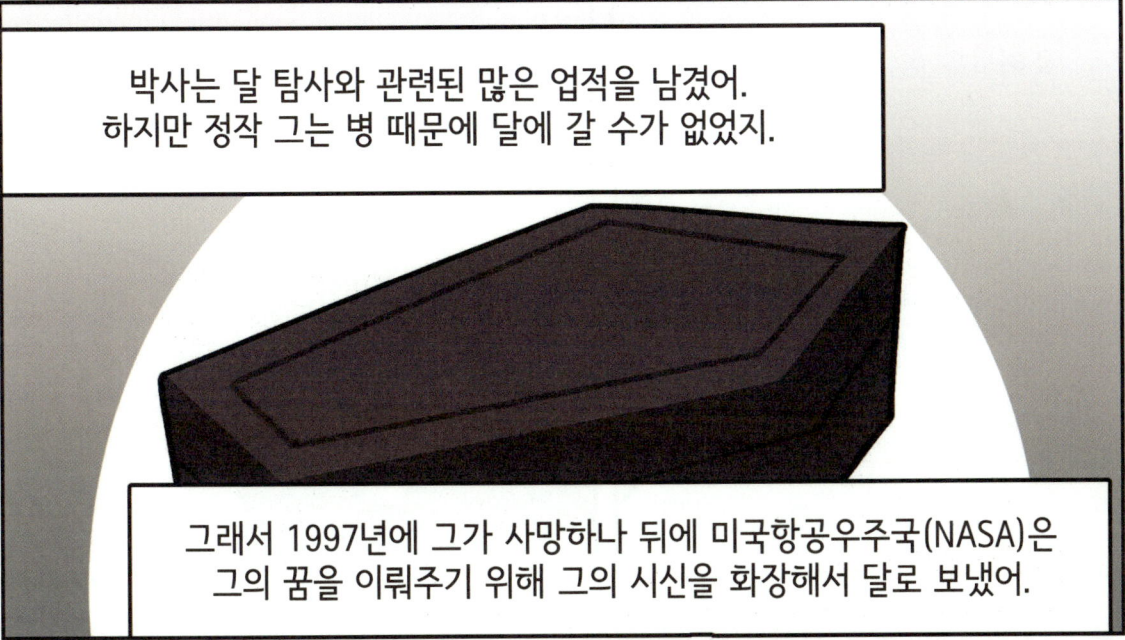

9화 달에서 장례식을 치른 사람이 있다?

인류 역사를 돌이켜 보면, 참으로 많은 사람이 달에 대한 낭만과 사랑을 지녀왔습니다. 그중에서도 유진 슈메이커 박사는 달과 관련된 가장 인상적인 기록을 가지고 있는 사람 중 하나입니다. 그는 달 탐사에 관한 많은 업적을 남긴 과학자이자, 언젠가 자신도 꼭 달에 가보고자 하는 의지를 가진 사람이었습니다. 하지만 그는 질병 때문에 달에 갈 수 없었고 결국 꿈을 이루지 못한 채 사망했습니다. 그러자 미국항공우주국(NASA)은 그의 꿈을 늦게라도 이뤄주기 위해 그의 시신을 화장하여 달로 보냈고, 달 탐사선을 통해 그의 유해를 달 표면에 뿌렸다고 합니다.

OX 잠깐퀴즈

① 외국에서도 달을 보며 방아 찧는 토끼만 상상한다?

② 미국 최초의 우주인은 존 글렌(John H. Glenn)이다?

③ 우주왕복선은 우주 관광을 목적으로 만들었다?

④ 우주왕복선은 미국만 보유하고 있는 것이 아니다?

① 중국에서는 두꺼비를, 유럽에서는 책이나 거울을 든 여인을, 또 다른 곳에서는 집게발을 가진 게를 떠올린다고 합니다. (X)
② 미국 최초의 우주인은 앨런 셰퍼드이며, 그는 대포 탄환처럼 포물선을 그리며 나는 탄도 비행에 성공했습니다. (X)
③ 우주왕복선은 초대형 우주정거장을 만들기 위해 만들었습니다. (X)
④ 러시아가 소련이라고 불리던 시대에, '부란'이라는 이름을 가진 우주왕복선이 존재했습니다. 다만, 실제 우주 개발에 참여하지는 못했습니다. (O)

떡이 인기가 많으면 더 많이 팔면 좋잖아. 그런데 왜 적은 양을 준비한 거야?

네 말이 맞아. 하지만 떡을 많이 가져올 수 없는 상황이 생겼거든.

너도 알다시피, 내 떡은 내 집이 있는 달에서 만들고 있어.

쿵떡 쿵떡!

다 만든 떡은 쪽배를 타고 은하수를 건너 이곳 지구로 가져오지.

슝~

뜨악!

그런데 어느 날부터, 지구에 도착할 때쯤이면 떡이 다 상해 있는 거야.

10화 달은 점점 지구로부터 멀어진다?

달은 지구의 위성, 즉 지구의 주변을 돌고 있는 별입니다. 그렇다면 달과 지구의 거리는 언제나 똑같았을까요? 관측에 따르면 답은 '아니다.'입니다. 아폴로호의 우주인들은 달에 도착했을 때, 달 표면에 거울을 두고 왔습니다. 이 덕분에 지구에서 레이저 광선을 쏘아 그 거울에 맞추면, 반사되어 오는 시간으로 지구와 달 사이의 거리를 잴 수 있게 되었습니다. 이 실험을 통해 지구와 달 사이의 거리가 매년 평균 3.82㎝씩 멀어지고 있다는 것을 알 수 있게 되었습니다.

OX 잠깐퀴즈

① 달에도 뒷면이 존재한다?

② 달은 공처럼 둥글다?

③ 위성은 죽은 별이라 볼 수 있다?

④ 미국항공우주국(NASA)의 마스코트는 스누피다?

① 달에도 뒷면이 있지만, 달의 공전 주기와 자전 주기가 같기 때문에 지구에서는 달의 한쪽 면밖에 볼 수 없습니다. (O)
② 달은 살짝 찌그러진 모습으로 달걀 모양에 가깝습니다. (X)
③ 과거에는 위성을 활동이 없는 천체라고 생각했지만, 토성과 목성의 위성에서 화산활동이 발견되는 등 살아있는 별의 증거가 관측되고 있습니다. (X)
④ NASA에서는 1968년 정식 마스코트로 스누피를 사용하게 되었습니다. (O)

11화. 화성은 계절의 변화가 없다?

오늘도 훈련 중인 두 선수!

촤아악-

짝짝짝짝!

응?

오늘도 최고야~!

척!

11화

화성은 계절의 변화가 없다?

우리가 사는 지구에서는 여름과 같은 날씨가 지속되는 적도 근처 지역이나 늘 겨울인 것처럼 추운 날이 계속되는 극지방을 제외하고는 대체로 계절의 변화를 경험할 수 있습니다. 특히 우리 나라는 봄, 여름, 가을, 겨울의 뚜렷한 사계절을 가지고 있지요. 하지만 계절 변화는 지구만의 전유물이 아닙니다. 화성도 지구와 비슷하게 자전축이 공전하는 면과 약 66.7°로 기울어진 채 공전하기 때문에 지구처럼 계절의 변화가 뚜렷하게 나타납니다.

OX 잠깐퀴즈

① 화성의 극지방과 지구의 극지방은 똑같은 형태를 보인다?

② 화성의 위성도 달처럼 항상 같은 면만 보인다?

③ 화성은 뜨거운 별이다?

④ 화성엔 용암 흔적이 있다?

① 화성의 극관에는 물이 얼은 얼음 위에 이산화탄소가 얼어붙은 드라이아이스가 여러 겹 쌓여 있습니다. (X)
② 화성의 두 위성인 포보스와 데이모스도 달처럼 자전 주기와 공전 주기가 같아서 화성에서는 항상 같은 면만 볼 수 있습니다. (O)
③ 화성 표면의 평균온도는 약 영하 80℃인데, 이것은 화성의 대기가 희박하여 열을 유지할 수 없기 때문입니다. (X)
④ 화성의 북반구에는 용암류에 의해 평평하게 만들어진 평원이 있습니다. (O)

12화. 화성은 붉은색이다?

12화

화성은 붉은색이다?

화성은 '불의 별'(불화 별성)이라는 이름을 가지고 있습니다. 그 이유는 불타오르는 것 같은 붉은 색으로 보이는 별이기 때문입니다. 화성은 수 미터가 넘는 미세한 먼지층으로 두껍게 뒤덮여 있는데, 이 먼지 대부분이 산화철로 되어 있어 화성을 붉게 보이게 합니다. 서양에서 화성은 마스(Mars)라는 이름으로 불리는데, 이것은 그리스 로마 신화 속 전쟁의 신 마르스(아레스)에서 따온 이름으로, 옛사람들이 붉은 화성을 보고 전쟁의 불길이나 피를 연상했기 때문이라고 합니다.

OX 잠깐퀴즈

① 과거 화성의 이동은 불길한 전조로 여겨졌다?

② 화성 탐사는 실패보다 성공이 더 많았다?

③ 화성의 자전 주기는 지구와 다르다?

④ 화성에는 태양계에서 가장 높은 산이 있다?

① 과거 동양에서는 화성이 전갈자리의 안타레스에 접근하는 것을 불길한 전조라고 보았습니다. (O)
② 인류는 여러 차례 화성 탐사를 위한 우주선을 쏘아 보냈는데, 이 중 2/3는 탐사에 실패했습니다. (X)
③ 화성의 자전 주기는 약 24시간 37분으로 지구와 거의 비슷합니다. (X)
④ 화성의 올림푸스산(Olympus Mons)은 높이가 약 25km이며, 태양계 최고 높이의 산입니다. (O)

13화. 목성에서도 지구처럼 번개가 친다?

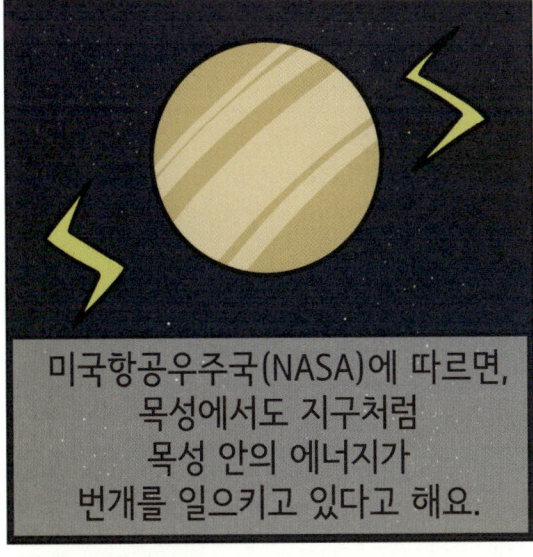

13화

목성에서도 지구처럼 번개가 친다?

지구가 아닌 다른 별에서도 번쩍거리는 번개가 칠 수 있을까요?
미국항공우주국(NASA)의 우주탐사선 주노(JUNO)의 관측에 따르면, 목성에서도 지구와 마찬가지로 목성 내부의 에너지가 번개를 일으키고 있다고 합니다. 다만, 지구에서는 주로 적도 지방에서 번개가 많이 발생하는 것과는 달리, 목성에서의 번개는 극지방을 중심으로 활발하게 발생한다고 합니다.

OX 잠깐퀴즈

① 우주왕복선은 재사용이 가능한 최초의 궤도 우주선이다?

② 목성은 태양계에서 가장 큰 행성이다?

③ 목성은 육안으로 쉽게 발견하기 어렵다?

④ 목성은 너무 커서 자전을 느리게 한다?

---

① 우주왕복선은 임무가 끝나면 지구 대기권에 재돌입하며, 대개는 케네디 우주센터의 활주로에 착륙합니다. (O)
② 목성은 태양계 8개 행성을 모두 합쳐 놓은 질량의 2/3 이상을 차지하며, 지름은 지구의 약 11배에 이르는 태양계 최대의 행성입니다. (O)
③ 목성은 아주 클 뿐 아니라 아주 밝아서 육안으로도 쉽게 발견할 수 있습니다. (X)
④ 목성은 태양계 내에서 가장 빠른 자전을 하며, 그로 인해 적도 지방이 불룩한 타원 형태를 띠고 있습니다. (X)

14화. 목성은 태양계 행성 중 위성 수가 가장 많다?

아이돌 듀오의 콘서트 당일!

와! 사람들이 많이 왔나 봐!

으으, 조금 긴장되는걸!

하하, 조금? 엄청나게 떨고 있는데?

14화
목성은 태양계 행성 중 위성 수가 가장 많다?

태양계의 많은 별이 그 주변을 돌고 있는 '위성'을 갖고 있습니다. 가장 대표적인 위성은 지구 주변을 돌고 있는 달이지요. 그리고 태양계 행성 중 가장 많은 위성을 가진 행성은 바로 목성입니다. 목성의 위성은 2018년까지 무려 79개가 발견되었습니다. 이 중 대부분은 우주 공간을 떠돌던 소행성이었다가, 목성의 강한 중력에 이끌려 목성의 위성이 된 것으로 추측하고 있습니다. 덕분에 목성은 '작은 태양계'라고도 불립니다.

OX 잠깐퀴즈

① 목성에도 고리가 없다?

② 첫 번째 목성 탐사선은 탐사에 실패했다?

③ 목성은 제우스의 별이다?

④ 목성에서도 오로라를 볼 수 있다?

① 목성의 고리는 워낙 희미해서 관측이 어렵지만, 1979년 보이저 1호가 목성을 근접 촬영할 당시 고리의 존재가 확인되었습니다. (X)
② 첫 번째 목성 탐사선 파이오니어 10호와 11호는 목성 도착에 성공했으며, 목성의 북극 상공과 새로운 위성 등의 여러 사진 자료를 확보했습니다. (X)
③ 유달리 크고 밝은 행성인 덕분에 세계 각지에서 신의 이름으로 불렸던 목성은 로마 신화에서는 최고의 신 제우스의 별로 여겨졌습니다. (O)
④ 목성은 강력한 자기장을 가지고 있어 이로 인한 오로라 현상 또한 관측할 수 있습니다. (O)

15. 토성의 극에는 육각형 모양의 거대 폭풍이 있다?

모험가들의 썰전!

짝짝짝~

와—!! 짝짝짝~ 와—!!

오늘도 많은 분이 모이셨군요!

와~ 짝짝

모험가들과 모험을 사랑하는 사람들을 위한 토크 콘서트, 시작합니다!

와~ 와~

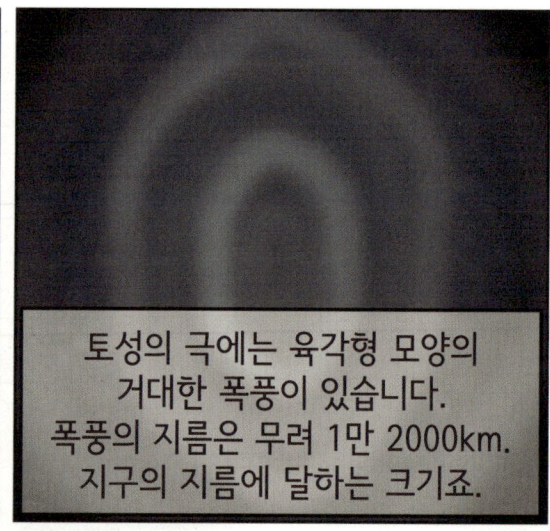

15화

토성의 극에는 육각형 모양의 거대 폭풍이 있다?

토성의 극에서는 아주 특이한 폭풍을 관측할 수 있습니다. 이 토성 폭풍의 지름은 1만 2000㎞로, 지구의 지름에 달할 정도로 큰 규모를 자랑합니다. 이 폭풍은 1980년대 보이저 1호와 보이저 2호에 이어서 카시니 탐사선의 방문으로도 확인되었는데, 다시 말하면 30년 이상 지속되고 있는 폭풍입니다. 이 폭풍은 육각형 모양을 띠고 있는 것 또한 특징인데, 어째서 이런 모양의 폭풍이 발생했는지에 대한 정확한 이유는 아직 수수께끼에 싸여 있습니다.

OX 잠깐퀴즈

① 토성의 고리를 처음 관측한 사람은 동양인이다?

② 토성은 납작하다?

③ 토성의 고리는 모습이 일정하다?

④ 토성은 스스로 에너지를 발산한다?

① 토성의 고리는 1610년 갈릴레이(Galileo Galilei)가 처음으로 관측했습니다. (X)
② 토성은 거대한 몸에 비해 빠른 속도로 자전하여, 납작한 형태를 띠고 있습니다. (O)
③ 지구에서 봤을 때 대략 30년을 주기로 토성 고리의 모습이 바뀌는 것을 관찰할 수 있습니다. (X)
④ 토성은 태양에서 받는 에너지보다 더 많은 에너지를 방출합니다. (O)

16. 토성은 물에 뜰 수도 있다?

푸른 물이 아름다운 바다!

철썩~

와~! 날씨도 좋고 물도 맑고!

쨍쨍

내 모습도 최고로 멋지군!

짜잔

16화 토성은 물에 뜰 수도 있다?

'토성을 담을 수 있을 정도로 큰 욕조가 있다면, 토성이 물에 뜨는 것을 볼 수 있을 것이다.'라는 말을 들어본 적이 있나요? 토성은 지구보다 760배나 큰 행성인데, 어떻게 물에 뜰 수 있다는 걸까요? 그건 바로 토성의 밀도가 낮기 때문입니다. 토성의 질량은 지구의 95배로, 태양계에서 목성 다음으로 가장 무거운 반면 밀도는 물보다 낮습니다. 그래서 물에 넣으면 상대적으로 밀도가 낮은 토성이 물 위에 뜨게 될 것입니다.

OX 잠깐퀴즈

① 토성의 고리는 여러 개다?

② 토성과 고리는 같은 시기에 만들어졌다?

③ 토성의 고리는 최근에 만들어졌다?

④ 토성의 위성 타이탄은 태양계에서 가장 큰 위성이다.

① 토성의 고리는 수많은 얇은 고리들로 이루어져 있고, 이것은 레코드판처럼 곱게 나열되어 있습니다. (O)
② 많은 학자가 토성이 생성된 뒤 남은 물질이 고리를 이룬 것으로 추측하고 있습니다. (O)
③ 토성의 고리는 45억 년 이상 유지되어 왔습니다. (X)
④ 타이탄은 태양계에서 두 번째로 커다란 위성이며, 가장 큰 위성은 목성의 위성인 가니메데입니다. (X)

17. 천왕성의 고리는 암석으로 이루어져 있다?

크리스마스가 다가온다!

산타짱, 이제 슬슬 다음 아이의 집이 나와야 하는데…

이런 곳에 집이 있을 리가 없잖아!!

17화

천왕성의 고리는 암석으로 이루어져 있다?

천왕성에도 토성처럼 고리가 있습니다. 천왕성의 고리는 우연히 천왕성이 다른 행성을 가리는 현상을 관찰하다가 발견되었는데, 이후 보이저 2호의 탐사와 허블 우주 망원경을 통한 관측 덕분에 나머지 9개의 고리를 발견할 수 있었습니다. 그전까지 천왕성의 고리를 발견하지 못했던 이유는 천왕성의 고리가 대부분 먼지와 얼음 알갱이로 이뤄져 있어서 토성 고리에 비해 빛을 약 1% 정도밖에 반사시키지 못했기 때문입니다.

OX 잠깐퀴즈

① 천왕성은 자전축이 거의 누워있는 형태로 자전한다?

② 천왕성의 대기는 태양계 행성 중 가장 차갑다?

③ 천왕성은 망원경으로 발견된 최초의 행성이다?

④ 천왕성은 전체적으로 온도가 균일하다?

① 천왕성은 다른 행성과는 전혀 다르게, 자전축이 거의 황도 면에 누워있는 형태로 자전합니다. (O)
② 천왕성의 대기 온도는 영하 224℃ 이하로 매우 차가우며, 내부를 구성하는 물질도 주로 얼음과 암석이라고 합니다. (O)
③ 천왕성은 육안이 아닌 망원경으로 발견된 최초의 행성입니다. (O)
④ 자전축의 기울기로 인해 극 주변이 적도 주변보다 많은 태양열을 받는데도, 신기하게도 천왕성의 온도는 전체적으로 균일합니다. (O)

18. 해왕성이 태양계의 끝이다?

18화 해왕성이 태양계의 끝이다?

태양계의 행성은 태양과 가까운 순서대로 수성, 금성, 지구, 화성, 목성, 토성, 천왕성, 해왕성까지를 포함합니다. 그래서 해왕성이 태양계의 끝이라고 생각할 수 있지만, 그렇지 않습니다. 태양계의 끝을 구분 짓기 위해서는 태양 주위를 돌고 있는 많은 천체 중에 가장 멀리 있는 천체를 기준 삼아야 합니다. 이때 태양계에 속하는 마지막 천체는 해왕성의 아주 멀리에 있기 때문에, 이 기준에서 태양계의 범위는 태양부터 명왕성까지의 거리의 수천 배가 된다고 합니다.

OX 잠깐퀴즈

① 해왕성에는 폭풍이나 회오리가 치지 않는다?

② 해왕성과 천왕성은 닮았다?

③ 해왕성의 '해왕'은 포세이돈을 뜻한다?

④ 해왕성은 천왕성 덕분에 발견했다?

① 해왕성에서는 대기의 회오리를 발견할 수 있으며, 이것을 대암점 또는 대흑점이라고 부릅니다. (X)
② 둘은 대기 구성과 온도가 비슷합니다. 또한, 크기와 질량, 밀도도 유사해서 내부 구조 또한 비슷하다고 추측됩니다. (O)
③ 학자들은 그리스 로마 신화의 넵투누스(포세이돈)의 이름을 따서 별의 이름을 지었습니다. 이것을 그대로 해석하여 우리는 해왕성(海王星)이라고 부릅니다. (O)
④ 천왕성 발견 뒤, 천문학자들은 천왕성 궤도에 무언가가 영향을 주고 있다는 것을 발견했고 그것을 추적하다가 해왕성을 발견하게 되었습니다. (O)

19. 태양계에서 '명왕성'이 유일한 '왜소행성'이다?

꽥꽥이의 집에 가정방문을 온 선생님!

여기가 맞나?

부스럭-

선생님! 저 여기 있어요~!

아!

휴~ 다행이야. 내가 꽥꽥이네 집을 잘 찾아왔구나!

19화 태양계에서 '명왕성'이 유일한 '왜소행성'이다?

태양계의 마지막 행성이 무엇이냐고 물으면, 나이 드신 어른들은 '명왕성'이라고 답할지도 모릅니다. 1930년에 발견된 명왕성은 그 이후로 약 76년간 태양계의 행성으로 불렸기 때문입니다. 하지만 2006년 국제천문연맹(IAU)에서 '행성'에 대한 정의를 새롭게 내리게 되고, 명왕성은 이 기준에 부합하지 않아 행성의 이름을 빼앗기고 그 이후 왜소행성이라고 불리게 되었습니다. 태양계에는 명왕성 외에도 세레스, 에리스, 하우메아, 세드나 등 많은 왜소 행성들이 있습니다.

OX 잠깐퀴즈

① 태양계에서 지구 이외의 별에는 생명체가 존재할 가능성이 전혀 없다?

② 명왕성에도 달이 있다?

③ 명왕성의 이름 하데스(Hades)는 '보이지 않는다'라는 뜻이다?

④ 명왕성이 왜소 행성으로 분류된 것은 너무 작아서다?

① 아직 태양계 탐사가 끝나지 않았기 때문에 확신할 수 없습니다. 특히 일부 별에서는 생명체가 살 만한 바다가 발견되어 연구가 진행 중입니다. (X)
② 명왕성은 명왕성의 1/2 크기의 작은 달, 카론(Charon)을 가지고 있습니다. (O)
③ 하데스는 그리스 로마 신화에 나오는 저승 신의 이름이기도 하지만, '눈에 보이지 않는다'라는 뜻도 있습니다. (O)
④ 명왕성이 왜소행성으로 분류된 것은 크기가 달의 2/3 정도로 작을 뿐 아니라 궤도가 8개의 행성과는 달랐기 때문입니다. (X)

20. 혜성의 꼬리는 두 개다?

20화 혜성의 꼬리는 두 개다?

신비한 별, 혜성은 꼬리가 있는 것으로 유명합니다. 그런데 이 혜성의 꼬리는 사실 이온 꼬리와 먼지 꼬리라는 두 개의 꼬리로 이루어져 있습니다. 이온 꼬리는 태양풍과 자기장의 영향을 받아 분자와 전자가 이온화되어 만들어지는 푸른색의 꼬리이며, 먼지 꼬리는 태양열로 타 버린 규산염의 먼지들입니다. 먼지 꼬리는 보통 흰색을 띠며, 궤도 방향의 반대로 휘어져 생긴다는 것이 특징입니다.

OX 잠깐퀴즈

① 혜성에도 대기가 있다?

② 태양에서 부는 바람인 태양풍은 혜성에 영향을 준다?

③ 혜성은 순수한 얼음 덩어리다?

④ 혜성은 '머리털'이라고도 불린다?

① 혜성이 태양에 가까워지면 얼음으로 이뤄진 핵이 녹으면서 가스를 만들고, 이 가스는 얇은 대기를 형성하게 됩니다. (O)
② 혜성의 이온 꼬리는 태양풍에 의해 생겨 태양풍이 불어 나가는 방향으로 발달합니다. (O)
③ 우리 눈에는 신비하고 아름다워 보이지만, 실제 혜성을 성분으로만 따지면 먼지, 일산화탄소, 메탄, 암모니아 등이 포함된 얼음 덩어리에 불과합니다. (X)
④ 혜성은 희랍어로 코메트(Komet)라는 이름을 가지고 있는데, 이것은 머리털이라는 뜻입니다. (O)

21. 우주에서 폭발하면 소리가 나지 않는다?

오랜만에 마법사의 집에 놀러 왔는데…

여기였나…

오랜만에 와 보는…

퍼-엉!!!

여전하시구먼.

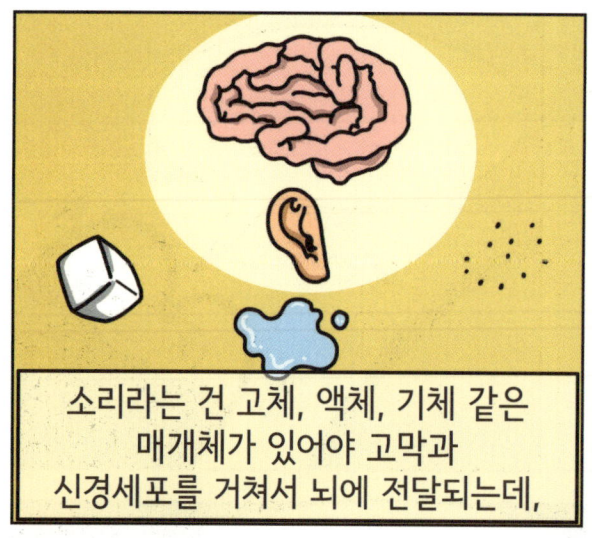
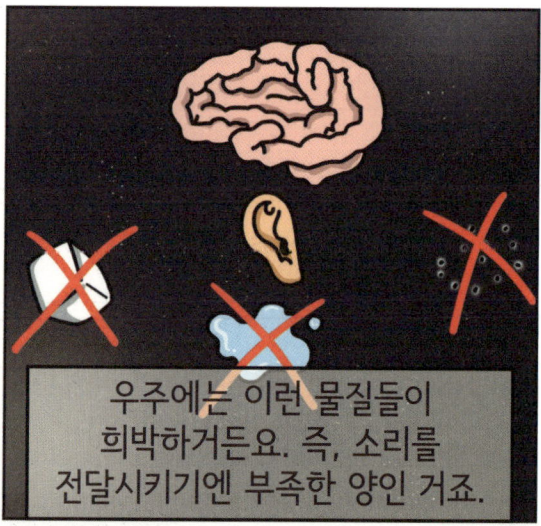

21화

우주에서 폭발하면 소리가 나지 않는다?

소리는 고체와 액체, 기체 등 반드시 매개체가 있어야만 인간의 고막과 신경세포를 거쳐 뇌에 전달될 수 있습니다. 반대로 말하면 매개체가 없는 곳에서는 소리를 들을 수 없게 되는 것이죠. 우주에도 수소나 헬륨 등이 존재하지만, 너무 미세하고 분포도 매우 희박하기 때문에 그 양이 소리를 전달시키기에는 턱없이 부족합니다. 그래서 우주에서는 큰 폭발이 일어나도 지구에서와는 달리 소리를 들을 수 없습니다.

OX 잠깐퀴즈

① 우주는 냄새가 없다?

② 우주에 가면 키가 영구적으로 커진다?

③ 우주에는 소리가 존재하지 않고 진공 상태만이 존재한다?

④ 우주에서는 같은 꽃도 향이 다르다?

① 우주에서는 라즈베리, 럼주, 베이컨, 구운 아몬드 그리고 화약과 비슷한 냄새가 난다고 합니다. (X)
② 우주에 가면 뼈 사이의 공간이 늘어나면서 일시적으로 키가 커지지만, 지구에 돌아오면 다시 줄어듭니다. (X)
③ 모든 행성에는 진동이 있습니다. 이 진동은 녹음 기술에 따라 소리로 전환할 수 있습니다. (X)
④ 식물의 향기를 내는 휘발성 물질은 중력, 습도 등 환경 요소에 크게 영향을 받아 우주에 가면 지구와는 다른 향기를 냅니다. (O)

22화. 우리가 볼 수 있는 별들은 극히 일부분이다?

천문대에 견학 온 두 친구!

저기다! 천문대야!

우아~!

천문대에 올라가면 별을 잔뜩 볼 수 있겠지?!

꺄아~

상상만으로도 멋져~!

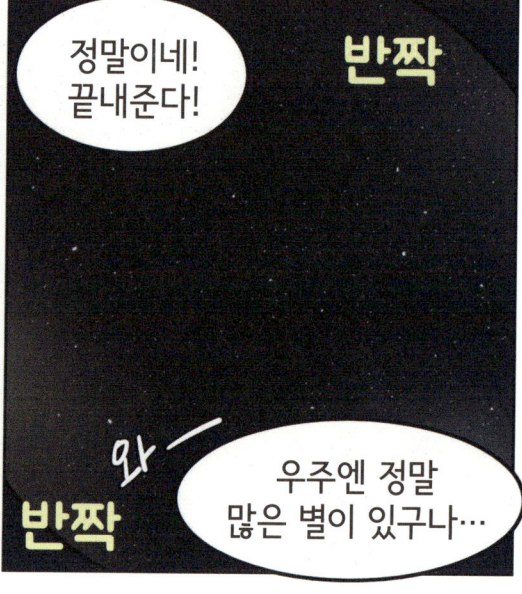

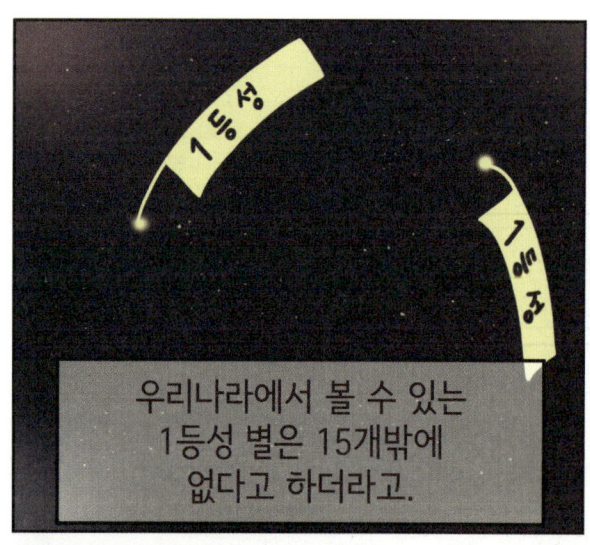

우리나라에서 볼 수 있는 1등성 별은 15개밖에 없다고 하더라고.

1등성이면, 가장 밝은 별을 말하는 거지? 그렇게 아름다운 별을 15개밖에 못 보다니…

그마저도 도시에선 정말로 몇 개 보이지 않으니…

…그나저나 넌 언제까지 망원경에 붙어 있을 거야?

…그게…

…너무 가까이 보는 바람에 눈이 망원경에 껴 버렸어…

그런 건 진작에 말했어야지~!!

22화 우리가 볼 수 있는 별들은 극히 일부분이다?

넓은 우주에는 수많은 별이 있습니다. 그러나 3,000억 개가 넘는 은하의 수많은 별 중 지구의 밤하늘에서 인간의 눈으로 볼 수 있는 별은 그리 많지 않습니다. 특히 우리나라에서 볼 수 있는 1등성 별은 15개밖에 없다고 합니다. 지구에서 볼 수 없는 별들은 지구로부터 너무 멀리 떨어져 있거나, 너무 밝기가 약하거나 다른 천체에 가려져 있어서 우리 눈에 보이지 않는 것이라고 합니다. 최근에는 대기 오염과 너무 밝은 인공 불빛 때문에 육안으로 볼 수 있는 별이 그전보다 더 줄어들고 있습니다.

OX 잠깐퀴즈

① 우주에서는 불꽃 모양이 규칙적이다?

② 우주에서는 땀이 흐르지 않는다?

③ 우주에서도 탄산음료를 마시면 트림을 한다?

④ 밤하늘에 보이는 별들은 이미 없을 수도 있다?

① 우주에서 불꽃은 중력이 없기 때문에 시발점으로부터 모든 방향으로 동일하게 뻗어 나가 공 모양을 만들게 됩니다. (O)
② 무중력 상태에서는 몸의 열기가 피부 밖으로 나오지 못해 땀이 흐르지 못하고 인체에 계속 쌓이게 된다고 합니다. (O)
③ 무중력 상태에서는 부력이 없어서 가스 거품을 탄산음료에서 끌어내 밀어 올릴 힘이 없습니다. 그래서 가스를 트림으로 배출할 수 없습니다. (X)
④ 우리가 보는 별빛은 이미 아주 오래전에 멀리 있는 별에서 떠나온 빛입니다. 따라서 우리 눈에 보이는 별은 이미 사라지고 없을 수 있습니다. (O)

23. 북두칠성은 어디서나 볼 수 있다?

잠깐의 이별을 앞둔 두 사람!

페르세우스…!

꼬마마녀…!

꼬마마녀, 우리 잠시 떨어져 있지만, 마음은 항상 함께야!

응…! 하지만 너무 보고 싶으면 어쩌지…!

그럴 땐… 내가 길을 잃어버렸을 때 늘 나를 이끌어준 별자리가 있어.

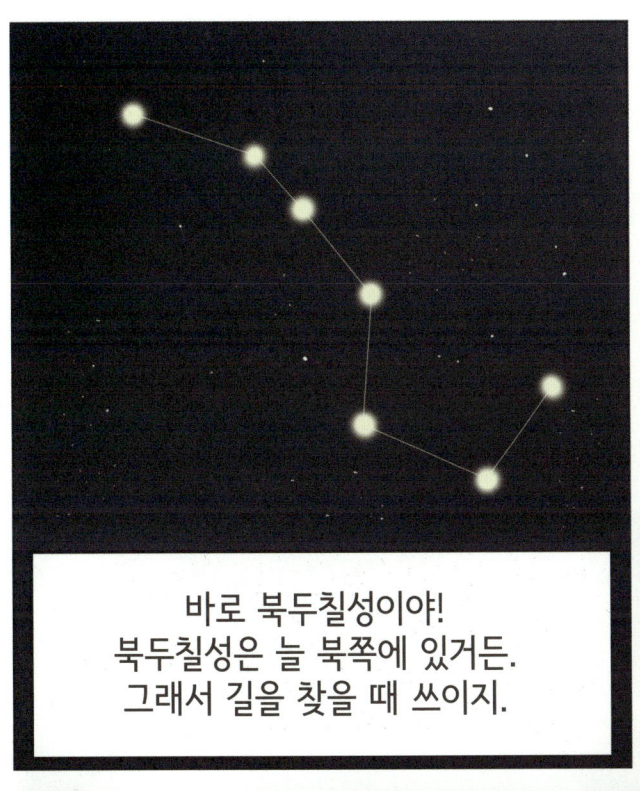

바로 북두칠성이야!
북두칠성은 늘 북쪽에 있거든.
그래서 길을 찾을 때 쓰이지.

그러니까 꼬마마녀,
나를 너무 보고 싶다면
북두칠성을 바라보는 거야…!

응! 그걸 보면서 널 떠올릴게!

그럼…!

또 만나…!

며칠 뒤

휴… 지구 반대편까지
와야 하는 일이 생길 줄이야…

페르세우스…
보고 싶어…
아! 그러고 보니!

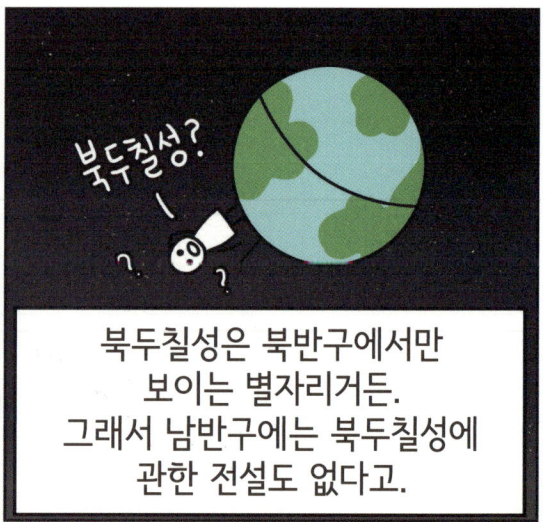

23화 북두칠성은 어디서나 볼 수 있다?

북두칠성은 늘 북쪽 하늘에 뜨기 때문에 길잡이 별로 사용되는 별자리로 알려져 있습니다. 하지만 이것은 우리가 살고 있는 북반구에 한정된 이야기로, 남반구에는 북두칠성에 관한 전설이 없습니다. 북반구는 말 그대로 지구의 절반 중(적도 기준) 북쪽을 말하는데, 북두칠성은 북반구에서만 보이는 별자리이기 때문입니다. 반대로 남십자성 같은 유명한 남반구의 별들은 북반구에서는 볼 수 없기 때문에 북반구 문화권에서는 이와 관련된 이야기가 전해지지 않습니다.

OX 잠깐퀴즈

① 별자리는 이집트 문명 이전 시대에 만들어졌다?

② 별의 일주 운동은 언제나 같은 모습이다?

③ 유성은 크기가 매우 큰 암석이다?

④ 우리 은하에는 먼지가 많다?

① 인류 최초의 별자리는 6천 년 전 수메르인의 최초 기록 이후에 바빌로니아인들이 제정했다고 알려져 있습니다. (O)
② 별의 일주 운동은 관찰하는 방향에 따라 모습이 다릅니다. (X)
③ 별똥별이라 불리는 유성은 지구 주변의 먼지나 혜성에서 떨어져 나온 티끌이 지구 대기 면에 부딪히면서 연소하는 것입니다. (X)
④ 우리 은하에는 가스와 먼지구름이 두껍게 존재하고 있습니다. (O)

24. 인류는 20세기 이후 달에 한 번도 가지 않았다?

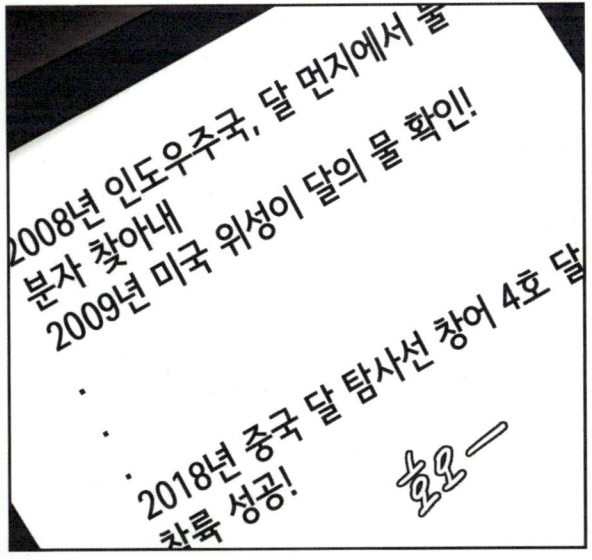

24화

인류는 20세기 이후 달에 한 번도 가지 않았다?

아폴로 17호가 1972년 12월에 마지막 비행을 한 뒤로 30년 이상 인류는 단 한 번도 달에 다녀오지 않았습니다. 그 사이 여러 국가의 과학자가 탐사선을 보내긴 했지만, 유인 우주선이 착륙한 사례는 없었습니다. 인류 중 마지막으로 달에 착륙해 사흘간 달 표면을 거닐었던 우주비행사는 미국인 진 서난(Gene Cernan)으로, 당시 세 번째 우주 비행에서 달에 착륙했으며, 달 표면의 흙 위에 자신의 이름 첫 자를 써서 남긴 뒤 귀환 우주 캡슐의 사다리를 마지막으로 올라간 인물이기도 합니다. 하지만 최근 중국의 달 탐사선이 달 착륙에 성공하며 달의 뒷면에 관해 연구한 것이 화제가 되며 달 탐사 경쟁이 다시 활기를 띠고 있습니다.

OX 잠깐퀴즈

① 우주는 보이지 않는 정체불명의 물질로 꽉 차 있다?

② 우주는 점점 더 커지고 있다?

③ 블랙홀은 물체를 빨아들이지 않는다?

④ 태양계가 속해 있는 우리 은하는 두께가 상대적으로 매우 얇은 편이다?

---

① 우리 눈에 보이는 별이나 은하가 우주에서 차지하는 비중은 겨우 4%이며, 나머지는 보이지 않는 암흑 물질과 에너지라고 합니다. (O)
② 1998년 허블 우주 망원경의 관측에 따르면, 오랜 과거에는 우주가 지금보다 느리게 팽창했다고 하며, 지금은 더 빠르게 커지고 있다고 합니다. (O)
③ 정의에 따르면, 물체가 블랙홀로 빨려 들어가는 것이 아니라 블랙홀로 떨어진다는 표현이 맞다고 합니다. (O)
④ 우리 은하를 원반 정도로 축소하면 그 두께는 머리카락 수준으로 얇아진다고 합니다. (O)

OX퀴즈 서바이벌100
신기한 과학 이야기 5

초판 인쇄일 | 2019년 03월 20일
초판 발행일 | 2019년 04월 01일

글쓴이 | 윤나라
그린이 | 강혜진 · 조은혜
감　수 | 전순옥(회룡초등학교 교사)

펴낸곳 | 버즈파우더(주)
펴낸이 | 박진우 · 박인호
편집책임 | 신정구
편　집 | 김지욱
마케팅 | 김찬 · 박영국

주　소 | (07574) 서울특별시 강서구 양천로 452, A동 407호
전　화 | (070) 4077-1100
팩　스 | (070) 7500-2025
이메일 | odir@naver.com
홈페이지 | https://game.nanoo.so/oxquizsurvival

등록번호 | 제2018-000027호
등록일 | 2018년 2월 27일

이 책은 저작권법에 따라 보호를 받는 저작물이므로 (주)버즈파우더의 동의 없이
이 책에 실린 글과 그림을 인용·복제하거나, 전산장치에 저장·전파할 수 없습니다.

ⓒ 버즈파우더(주) 2019
ISBN 979-11-963353-4-2(67030)

잘못된 책은 구입하신 서점에서 교환해 드립니다.

표지 · 본문 | 버즈파우더(주), design창(010 · 9135 · 6994)